AF243614

No 15419.

PASSAGE A LYON

DES RESTES

D'ADOLPHE NOURRIT.

PASSAGE A LYON

DES RESTES

DE NOURRIT,

Le 30 Avril 1839;

Derniers honneurs rendus à sa mémoire.

Nous emportons de Lyon de bien chers souvenirs.
LETTRE DE NOURRIT,
Toulouse, 27 août 1837.

LYON.
IMPRIMERIE DE L. BOITEL,
QUAI SAINT-ANTOINE, 36.
1839.

PASSAGE A LYON

DES RESTES

D'ADOLPHE NOURRIT,

Le 30 Avril 1839;

Derniers honneurs rendus à sa mémoire.

« L'affreuse nouvelle qui a frappé si subitement et d'une manière si peu attendue les amis et les nombreux admirateurs du talent de Nourrit, a été pour Lyon comme l'annonce d'un malheur public. Une heure après l'arrivée de la lettre qui venait de l'apporter toute la ville répétait avec douleur : Nourrit est mort! Nourrit s'est tué!! La France a perdu son grand tragédien, son chanteur inimitable. A cette nouvelle, nous avons vu des larmes rouler dans tous les yeux : c'est qu'en effet, nulle part son talent n'avait été mieux apprécié, nulle part son caractère n'avait trouvé plus de sympathies. Lyon était sa patrie d'adoption, sa ville aimée. »

Ainsi s'exprimait M. le docteur Alph. Dupasquier quelques jours après la mort de Nourrit, dans un article inséré au *Courrier de Lyon*.

Cette profonde sympathie des Lyonnais pour le talent et le caractère de Nourrit, vient de se manifester de nouveau, au passage des restes de l'illustre artiste, dans la ville où il a laissé de si grands, de si vivants souvenirs.

A peine avait-on appris que le corps de Nourrit devait passer à Lyon, qu'une commission composée d'artistes et d'amateurs, se réunissait pour s'occuper des moyens de lui rendre les derniers honneurs (1).

Une souscription fut ouverte pour subvenir aux frais de la cérémonie projetée et produisit immédiatement plus de mille francs.

La Commission, espérant que le corps de l'illustre défunt pourrait séjourner à Lyon, pensa d'abord à faire exécuter une messe des morts, avec toute la solennité possible, par une

(1) Cette commission qui a ouvert la souscription et présidé aux détails de la cérémonie, se composait de MM. Albertin, Alexandre (du Gymnase), Baumann, Léon Boitel, Cailhava, de Scines, Dubourret, Alph. Dupasquier, Guindrand, Eugène Laugier, Renard, Ruolz, Siran et Valmore.

réunion de tous les artistes et de tous les amateurs de Lyon ; mais le manque de temps et d'autres obstacles encore, ne permirent pas d'exécuter ce projet.

Voici comment les journaux de Lyon (1) ont rendu compte des causes qui ont empêché l'exécution de ce projet ;

« Les restes de Nourrit transportés à Paris par les soins religieux de sa famille, et confiés à la garde d'un ami, traverseront notre ville, demain mardi, 30 avril, dans la matinée. Ses amis et ses camarades de Lyon, réunis à un grand nombre d'admirateurs de son talent, avaient l'intention de faire célébrer dans une de nos églises, un service funèbre, comme cela s'est pratiqué à Marseille, avec l'autorisation de l'évêque du diocèse. Plusieurs circonstances s'opposent à la réalisation de ce projet : Mgr. l'archevêque est absent pour plusieurs jours, et l'on ne peut obtenir une permission que ne rendrait pas douteuse l'exemple donné par l'autorité ecclésiastique de Marseille. D'un autre côté, il n'est pas possible d'attendre le retour de Mgr. l'archevêque, car la cérémonie ne pourrait avoir lieu le jour de la fête du roi, et plusieurs causes ne permettent pas que le corps séjourne à Lyon jusqu'à jeudi. »

Le *Courrier de Lyon* et le *Censeur* ajoutaient ensuite :

« Mais ces obstacles n'empêcheront pas que les amis et les

(2) Le *Censeur*, le *Courrier de Lyon*.

camarades de l'illustre artiste n'exécutent le projet qu'ils avaient formé d'accompagner son corps, à son passage dans notre ville, avec les honneurs dûs à sa mémoire, à sa grande et belle renommée. M. le Maire à qui l'on s'est adressé pour en obtenir l'autorisation, non seulement s'est empressé de l'accorder, mais encore a mis à la disposition du comité d'organisation les moyens de maintenir l'ordre pendant cette triste et imposante cérémonie, qui ne peut manquer d'attirer une grande affluence. De son côté, M. le général commandant la division a bien voulu mettre à la disposition du comité plusieurs compagnies de musique pour ouvrir la marche du cortége.

« Les amis et les camarades d'Adolphe Nourrit sont prévenus qu'on se réunira, mardi, à dix heures du matin, sur la place de la Guillotière, à côté l'église. C'est de ce point que partira le corbillard portant le corps du grand artiste; puis il traversera la ville en suivant la place de la Charité, la place Bellecour et les quais pour se diriger sur Paris.

« Les amis et les camarades de Nourrit invitent tous les admirateurs de son talent à se réunir à eux pour rendre les derniers honneurs à sa mémoire. »

La cérémonie funèbre a eu lieu, en effet, le mardi 30 avril, et a été aussi remarquable par le caractère grave et religieux du cortége, par le respect et le recueillement douloureux des spectateurs, que par l'affluence de la foule accourue pour voir une dernière fois l'artiste qu'elle aimait.

Le *Journal du Commerce* en parlait ainsi dans son numéro du 1er mai :

« Hier, à trois heures du matin, la dépouille mortelle de Nourrit est arrivée à la Guillotière, accompagnée de M. Vizentini, notre ancien artiste du Gymnase, ami de la famille. Le corps a été déposé dans le cimetière de la Magdelaine, en attendant l'heure fixée pour le départ.

« A dix heures, la place était couverte d'une foule nombreuse d'artistes, de musiciens, d'hommes de lettres et de citoyens de toutes les classes, empressés de payer un dernier tribut à la mémoire d'un grand artiste et d'un bon citoyen. A dix heures et demie le corbillard est arrivé traîné par quatre chevaux de poste. Toute l'assemblée s'est découverte religieusement, et M. le docteur Alphonse Dupasquier, que des liens mutuels d'estime et d'amitié unissaient au défunt, a prononcé, d'une voix brisée par la douleur, une allocution que nous regrettons vivement de ne pouvoir faire connaître à nos lecteurs. »

Ce discours que M. Dupasquier, préoccupé des détails de cette triste cérémonie, n'avait pas remis aux journaux pour le reproduire, le voici :

Adolphe ! quand tu partis pour cette terre d'Italie, où tant d'absinthe devait être mêlée à tant de miel, où tu devais trouver plus de douleur encore que de gloire, déjà tes amis, tes camarades de Lyon, voyaient ton retour en espérance; déjà ils se réjouissaient de la pensée que bientôt tu reviendrais parmi eux. Ils se promirent alors de venir t'attendre à ton arrivée, et de te dire comme à un compatriote, comme à un frère : Pauvre expatrié, noble artiste, sois le bien-venu dans la ville de tes affections !

Tes amis, tes camarades, les voilà fidèles à ce vœu, à cette promesse du cœur !

Mais quelle douleur les attendait en te retrouvant !..... Hélas ! pouvaient-ils prévoir que ces larmes qu'ils répandent si abondantes, seraient d'amertume et non de joie; que cette couronne due à tes succès d'Italie, et qu'ils t'apportent aujourd'hui comme un dernier tribut au génie de la scène lyrique, ne ferait pas battre ce cœur si sensible aux démonstrations de l'amitié, aux témoignages de l'admiration des hommes.

Le rossignol ne chante qu'au printemps, l'ange ne dit qu'au ciel son cantique d'amour: ton printemps, ton ciel, c'était la France ! — pauvre voyageur dévié de ta route, comment n'as-tu pas pensé que la terre étrangère te serait mortelle !

Et nous qui te vîmes partir avec tant d'espoir, d'où nous venait donc cet esprit de vertige et d'erreur ? Comment le ciel ne nous a-t-il pas envoyé un de ces pressentiments qui devancent les grands malheurs, comme un éclair lointain annonce l'orage ? Toi, l'homme de nos sympathies, toi, l'artiste de notre prédilection, comment ne t'avons-nous pas retenu en te disant: *Tu es notre bien, tu es notre joie, reste ! reste !*

Mais que signifie ce retour sur le passé, devant la cruelle réalité du présent. — C'en est fait, nous ne te verrons plus, nous n'entendrons plus ces accents qui savaient si bien nous émouvoir; ce chant de l'ame qui allait chercher en nous tous les nobles sentiments, exciter toutes les passions tendres et généreuses, il n'arrivera plus à notre cœur!

La source de toutes ces douces sensations est tarie! Pleurons, Messieurs, pleurons: comme elle ne produit pas deux Talma, la nature ne donne pas deux Nourrit en un siècle.

Et toi qui vas nous quitter pour toujours, dépouille de notre ami, viens recevoir de toute une population un dernier témoignage de son admiration et de ses vives sympathies.

« Après ce discours qui a produit une profonde sensation, sur tous ceux qui se trouvaient assez près pour l'entendre, continue le *Journal du Commerce*, une grande couronne de laurier et plusieurs couronnes d'immortelles ont été déposées sur le cercueil. La musique militaire, que l'autorité avait bien voulu faire participer à cette touchante cérémonie, a fait entendre une symphonie funèbre et le cortége s'est mis en marche composé de plus de 1,500 personnes.

M. Duverger, frère de Mme Nourrit avait été invité à assister au convoi et conduisait le deuil avec M. le docteur Dupasquier, ami du défunt. Les membres de la Commission qui a présidé à la cérémonie, réunis à d'autres amis et camarades de Nourrit, entouraient le corbillard ; on y remarquait avec nos amateurs les plus distingués, plusieurs de nos bons artistes et de nos hommes de lettres MM. Sirau, Alexandre,

Valmore, Léon Boitel, Baumann, Cherblanc, Guindrand, George Hainl, Ruolte, Zeiger, etc. Tous avaient un crêpe au bras.

Arrivé sur la place Bellecour, le cortége s'est grossi d'un grand nombre d'admirateurs du talent de Nourrit qui n'avaient pu se rendre à temps à la Guillotière ; quand il a traversé la place il se composait au moins de *trois mille personnes*, sans compter la foule qui se pressait pour voir une dernière fois l'artiste de son affection. On a remarqué qu'une voiture, où se trouvaient plusieurs dames en grand deuil , suivait le cortége.

Le cortége a traversé ensuite le pont de Tilsitt et suivi les quais de la rive droite de la Saône jusqu'à la Pyramide, recueillant partout sur son passage des témoignages de la profonde sympathie de notre population pour l'illustre artiste.

« Pendant la route parcourue par le cortége, dit le *Journal du Commerce*, un grand nombre de couronnes ont été jetées devant le corbillard, par les spectateurs qui se trouvaient aux croisées. On a vu des hommes du peuple, des femmes, des jeunes filles, venir déposer sur le cercueil des branches de lilas, des bouquets, des fleurs, des couronnes d'immortelles. Partout la foule se découvrait avec respect devant les restes du grand artiste, de l'homme de bien, de ce généreux ami du peuple qui mit, à son dernier voyage, tant d'empressement à venir au secours de nos ouvriers sans travail. »

Quand le cortége s'est arrêté à la Pyramide, M. Valmore, au nom de tous les assistants, a prononcé un discours d'adieu à la dépouille de l'artiste de génie sitôt enlevé à notre admiration et à nos sympathies.

Voici les saintes paroles du courageux fondateur de la foi, les touchantes exhortations de l'apôtre saint Paul à son cher Timothée :

« Je vous conjure, avant toutes choses, que l'on fasse des supplications, des prières, des demandes et des actions de grâces pour tous les hommes.

« Car cela est bon et agréable à Dieu notre Sauveur, qui veut que tous les hommes soient sauvés. »

C'est pour accomplir le religieux devoir imposé par le martyr évangélique que nous nous pressons en foule autour de ce cercueil.

Vous, citoyens éclairés d'une cité glorieuse, vous qui manifestez de si nobles sympathies pour tout ce qui est grand, pour tout ce qui est beau, laissez une famille d'artistes, des frères se réunir à vous pour rendre de pieux devoirs aux restes infortunés de celui qui fut leur ami.

Je ne chercherai point à rappeler les impressions ineffaçables de son admirable talent; elles sont trop vivantes dans la mémoire de ceux qui l'ont connu, car c'est au cœur qu'il gravait les souvenirs.

Mais nous, ses disciples, nous qui avons eu le bonheur de connaître l'homme voilé sous l'artiste, c'est à nous de révéler tout ce qu'il y avait d'adorable dans cette ame d'élite.

Adolphe Nourrit avait deviné tout ce que son art a de sublime et d'élevé, il sentait que cet art pouvait devenir une sorte d'apostolat. Et, suivant les préceptes du divin maître, c'était parmi le peuple qu'il voulait semer sa parôle harmonieuse ; c'était son oreille qu'il voulait séduire pour pénétrer dans son cœur et l'éclairer.

C'est sous l'inspiration de cette haute pensée qu'il était parvenu aux limites du beau dans la profonde et saisissante parabole de *Robert*. Il voulait que la scène devînt un enseignement moral et se transformât en une chaire de vérité. Ce sont les dévorantes ardeurs de cette ame consumée d'une charité vraiment chrétienne qui brisèrent son enveloppe mortelle. Lui aussi traîna l'instrument de son supplice ; mais, à la moitié de sa route douloureuse, il fut écrasé sous le faix. Voilà quel fut Nourrit !

Ce peu de mots suffira pour le faire connaître ; dire sa vie, c'est faire sa plus belle oraison funèbre.

Maintenant, adieu chères dépouilles du meilleur des hommes ! La capitale du monde intelligent réclame tes précieuses reliques , Paris va élever un monument à tes restes aimés ; mais c'est dans nos cœurs que tes talents et tes vertus élevèrent le plus durable.

Adieu , Nourrit ! A présent repose dans la paix éternelle !

Après ce discours qui a produit une vive impression sur la foule qui entourait le cercueil, les membres de la Commission et une partie des assistants se sont partagé les fleurs d'une couronne jetée sur le cercueil de Nourrit, afin de conserver un souvenir de cette pieuse cérémonie. Ensuite le corbillard a continué sa route et la foule s'est retirée triste et silencieuse.

« Aucun désordre, ajoute le *Journal du Commerce,* aucun accident n'ont signalé cette touchante et fraternelle cérémonie, qui doit être au moins pour la famille] du grand artiste, un adoucissement à de trop justes douleurs , puisque le poids en diminue quand tout le monde les partage.

Cette journée laissera des souvenirs bien tristes ; mais ils seront bien honorables pour la population lyonnaise qui s'est montrée en cette circonstance digne appréciatrice d'un des talents les plus élevés, d'un des plus nobles caractères de notre temps.

Lyon 1er mai 1839.